RECHERCHES ARCHÉOLOGIQUES

DANS LA COMMUNE

DE MOËLAN

PRÈS DE QUIMPERLÉ.

J'avais appris en 1844, par M. Lartigue, lieutenant des douanes royales à Lanvaux, près de Brest, que la commune de Moëlan, située dans l'arrondissement de Quimperlé, possédait de grands dolmens dont aucun antiquaire n'avait encore fait mention. Dès lors je regardai comme un devoir pour moi de les tirer de l'oubli, d'autant plus que l'un d'eux me semblait d'une forme exceptionnelle, d'après la description qui m'en avait été faite. Mais le cours de mes recherches m'ayant ensuite appelé sur diverses autres parties du département du Finistère, il en est résulté que je n'ai pu visiter Moëlan que pendant l'automne de 1846. Je partis de Quimperlé le 11 octobre, accompagné de M. Alexandre Keraudy, qui me servait d'interprète; c'était un dimanche, et j'avais choisi ce jour pour mon arrivée, afin de juger l'ensemble de la population à la sortie de la grand'messe.

Je profitai du peu de temps qui me fut disponible à Quimperlé pour faire une nouvelle visite à son église romane de Sainte-Croix. Je regarde celle-ci comme l'une des plus curieuses de Bretagne, par sa construction en forme de croix grecque et par la crypte qui est sous le chœur, dont elle élève le niveau à quatre mètres au-dessus de la nef. Je fus me présenter ensuite chez M. de la Gillardaye, pour voir ce tombeau litigieux, découvert dans la forêt de Carnouët. Je ne le connaissais que par les journaux, ainsi que les curiosités qu'il renfermait; mais cette démarche fut vaine; M. de la Gillardaye venait de partir pour la contrée qui était l'objet de mon voyage.

Pour se rendre de l'église de Sainte-Croix à Moëlan, il faut gravir une rue crève-cœur qui conduit à l'église Saint-Michel, seconde paroisse de la ville : j'entrai dans celle-ci pour reprendre haleine, et j'eus la surprise de voir qu'elle se réduisait en quelque sorte à son sanctuaire, compris sous la base de son clocher, tant la nef est chétive. Je m'attendais à mieux, d'autant plus que ce clocher, bâti au xvie siècle, se présente d'une manière presque monumentale : c'est un palais pour les cloches, tandis que la nef n'est plus qu'une humble cabane pour les fidèles qui ont le courage de venir de la basse ville pour y assister aux offices.

On traverse ensuite une place spacieuse, autour de laquelle on voit encore beaucoup de ces maisons bourgeoises en bois qui remontent aux xive et xve siècles. Elles ont, comme de coutume, leurs pignons pointus, leurs étages en saillie par encorbellements et toute la partie supérieure de leur façade recouverte en ardoise, ainsi que la toiture. Il est à remarquer, quant à leur mode de construction, que toutes leurs fenêtres s'ouvrent en dehors, ce qui est d'un effet peu gracieux pour la vue, en même temps que, donnant ainsi prise aux vents, il faut souvent les réparer.

Il ne reste plus ensuite à traverser qu'une espèce de faubourg très court, d'où l'on descend au fond du vallon auquel commence le chemin vicinal qui conduit à Moëlan. Cette route se dirige au S.-O. ; bientôt elle traverse un sol plat, très boisé, monotone, où nous ne rencontrons au bord du chemin que deux ou trois cabarets récemment bâtis.

On remarque près de l'extrémité de la lande de Vuidar (*Vuidac'h* en breton) une de ces croix en granit, au fût noueux, arrondi et menu, qu'on appelle *croaz ar vocen* en celto-breton, c'est-à-dire croix de la peste. Elle fut érigée en cet endroit vers le xve siècle, pour arrêter ce fléau qui ravageait la ville de Quimperlé ; mais Moëlan se mit immédiatement sous la protection de saint Roch, qui arrêta la contagion dans cette lande.

Les chênes et les beaux châtaigniers qui bor-

daient la route en sortant de Quimperlé dimi-
nuent ensuite de grandeur parce qu'on se rap-
proche de plus en plus des bords de la mer; mais
la campagne se découvre sans que rien de pitto-
resque vienne s'offrir à nos regards. Enfin on
entre dans la grande lande de *Portz-Moëlan*, qui
descend vers le bourg par une pente peu rapide.
Son nom de Portz-Moëlan signifie, selon les habitants, la cour et même la basse-cour de Moëlan; il lui fut peut-être imposé dans les premiers
temps du christianisme pour déconsidérer les monuments celtiques que l'on y rencontre. Dès qu'on
arrive à l'extrémité orientale de cette plaine aride
et si nue, on aperçoit le petit clocher de l'église et
le toit des principales maisons par-dessus les arbres qui les avoisinent; ensuite c'est un dolmen
en ruines, à main droite, puis le menhir de Saint-
Philibert sur la gauche, lorsqu'on est sur le point
d'entrer dans le bourg. On ne met ordinairement
que deux heures à faire les deux lieues et demie
de poste qui séparent Moëlan de Quimperlé.

MOËLAN.

Ce bourg, assez considérable, occupe un plateau peu élevé qui confine, du côté du midi, au marais tourbeux de la chapelle de Saint-Roch et de Saint-Philibert. Son église n'a rien qui nous intéresse sous le rapport monumental ; elle est du xvᵉ siècle, si toutefois mes souvenirs ne me sont infidèles, assez spacieuse, mais basse. Il n'y a pas non plus d'anciennes maisons, ni de remarquables sous aucun rapport : presque toutes ont un premier étage et sont couvertes en ardoises.

On y voit trois origines de rues, dont l'une se dirige sur la route de Quimperlé, du côté de l'est ; la seconde, le long du vieux chemin de *Kergoustance*, qui conduit ensuite *à Riec*, vers le N.-O. ; la troisième, du côté du passage, au *port de Bélon :* c'est sur celle-ci que se trouve la mairie, bâtiment modèle, dont la commune est redevable aux soins intelligents de son maire, M. Mauduyt de Plaçamenu. Une quatrième route vicinale arrive encore par le midi, du port de *Douélan* et de *Clohars-Carnoët*, bourg qui doit son surnom à la forêt qui couvrait jadis tout le pays. Ces routes font aussi l'éloge de M. Mauduyt par leur belle tenue.

Moëlan était autrefois très fiévreux dans l'ar-

rière-saison : son insalubrité provenait des miasmes qui sortaient du marais tourbeux, ainsi que
du vallon de Damané auquel il confine. Chaque
soir, en automne, une brume épaisse qui s'élevait
après le coucher du soleil, couvrait tout le bas-
fond et ne disparaissait que le lendemain matin
vers les huit à neuf heures, quelquefois même à
neuf heures et demie. Une autre cause de son
insalubrité provenait encore de ce que son église
et le cimetière se trouvent au centre de l'agglomération.

Je dois prévenir les touristes et nos confrères
en archéologie qui voudront visiter cette contrée,
qu'ils trouveront au bourg une auberge très confortable attenante à la mairie; et Guillaume Cariou, qui m'a servi de guide, sera pour eux un
excellent pilote.

Rien ne nous annonce que l'agglomération
puisse avoir une origine antérieure au christianisme Il est même probable qu'il ne s'est formé
que par l'établissement du peuple autour de la chapelle construite par saint Melaine, lorsque celui-ci
vint prêcher la foi du Christ dans la contrée; mais
aucune de ces constructions primitives n'a laissé de
traces depuis bien longtemps. J'ai su par les paysans
qu'ils n'appellent, en breton, cet endroit que *Molen* et non pas *Moëlan;* c'est alors que de Molen
on a fait Moëlan pour *Moël-lan*, mots dont le
dernier signifie *terre,* et le premier, *Moël, chauve,*
c'est-à-dire une terre nue et chauve, ou sans arbres.

Ces expressions, en effet, définissent exactement l'é-
tat primitif de cette contrée ; car, malgré l'accrois-
sement de la population et celui par conséquent
du sol mis en culture, nous rencontrons encore
aux environs du bourg les vastes landes de Portz-
Moëlan, de Kerglien; celles, à l'occident et au nord,
qui continuent de ne nous présenter qu'une pe-
louse extrêmement rase et comme dépourvue en
quelque sorte de végétation.

Il devient alors manifeste que c'est seulement
depuis l'établissement du christianisme et de
l'adoption de saint Melaine pour patron du pays
que l'on a voulu faire dériver Moëlan de *Melan*
ou *Melanius*, en le latinisant. On fonde cette opinion sur ce qu'on aurait trouvé le nom du saint
prélat écrit *Moëlan* sur d'anciens titres ; mais les
plus authentiques sont ceux qui ont été recueillis
par Albert le Grand et par les Bollandistes, et
d'après lesquels ils l'appellent *Melanus, Melanius,*
ajoutant encore à ceux-ci *Menelaius*, d'après Robin ; et l'on n'y trouve point celui de *Moëlan.*

Nous ferons encore remarquer qu'au lieu de
moëlan on appelait le prélat *Melenn* en breton, et
comme ce mot veut dire blond ou jaune, je me
croirais fondé à le regarder comme un simple surnom, lequel nous rappelle le *flavus Apollo*, en
même temps que la chevelure blonde du Christ,
dont Melaine était l'apôtre. Notre compatriote,
feu M. Penhouet, a présumé en conséquence que
le culte de saint Melaine ne serait peut-être que

celui de Bélus christianisé, fondant cette opinion sur ce que le peuple de Rennes continue d'appeler la rue Saint-Melaine rue Saint-Belaine : c'est celle qui conduit à l'évêché.

La commune de Moëlan est limitée à l'ouest et au nord-ouest par la rivière de Bélon, formée par un bras de mer fort étroit et long de plus de deux lieues, qui arrive pour ainsi dire jusqu'au bourg. Lorsque j'entendis prononcer ce nom de Bélon, il me rappela sur-le-champ *Bélus*, divinité gauloise qui était l'Apollon ou le soleil des païens ; et la contrée ne m'en parut que devoir fixer davantage l'attention des antiquaires, d'autant plus que nous y retrouvons cet autre golfe qui a reçu le nom de Port-de-Douélan, que nous avons cité ci-dessus : ce mot est composé de *Doué*, dieu, divinité, et de *lan*, terre. En effet, une terre où abondent les monuments religieux devenait aux yeux de nos ancêtres celle de la Divinité [1].

Le territoire de Moëlan devait être aussi jadis une espèce de centre religieux, un véritable sanctuaire pour nos ancêtres, et lorsque j'y venais pour un seul dolmen, mais aussi remarquable par sa grandeur que par sa forme exceptionnelle, m'avait-on dit, je me suis trouvé bien consolé de

---

(1) L'Ile-Dieu, *insula Dei*, inscrite par erreur sous le nom d'Yeu sur nos cartes hydrographiques modernes, et qui est une terre non moins classique pour l'étude des monuments celtiques que Carnac, Locmariaker, Saint-Just et Crozon, nous en fournit un autre exemple.

ce qu'il n'y existait pas, par la rencontre de trois LONGS-DOLMENS, ou Roches-aux-Fées : 1° celui de Kergoustance ; 2° celui de Park-Biourar ; 3° celui de Kerségalou, auxquels il faut ajouter encore celui de la Lande-de-Kerdor ou Kerdoret, en Portz-Moëlan, mais qui n'a plus que les dimensions d'un dolmen ordinaire, et enfin celui de la Lande-au-Duc, qui est d'une forme anormale : il fait le cinquième.

Il faut ajouter à ceux-ci huit menhirs, qui sont ceux de Menkerglieu et de Mencam, dans la même localité ; de Kerseler, de Saint-Guinal ou de Park-ar-Leur ; de Saint-Philibert, qu'on appelle aussi la Pierre-de-Saint-Roch ; de Kerségalou ; de Lanuvienn ; de Poulvéz ; puis deux roches piquées, médiocres ; enfin celle de la Lande-au-Duc et celle de la Lande-de-Kerdoret ; celles-ci sont de simples peulvans.

Je ne dois pas omettre dans cette énumération : 1° les pierres alignées de Kerahédic, sur la route de Ros-Bras ; le grand bloc couché voisin du manoir de Poulguenn, et qu'on appelle la Roche-du-Diable ; le macrolithe sillonné ou *Men-Bras*, près du château de Hénan ; les turcies de la lande de la Grande-Salle ; enfin une espèce de rempart en terre à Ros-Bras ; ce dernier forme le vingtième objet digne de remarque.

Tel a été le résultat de mes découvertes dans la contrée, pendant mon séjour du 11 au 16 octobre, et du 29 de ce mois au 7 novembre : en

tout seize jours de recherches. Au travail descrip-
tif, j'ai ajouté le plan et le dessin des dolmens sous
plusieurs aspects, ainsi que pour les menhirs
principaux, ayant été favorisé par un temps dont
on jouit trop rarement dans l'arrière-saison.

Mais avant de présenter la description de ces
monuments, je ne dois pas omettre de mentionner une vaste circonvallation qui fut établie dans
le pays, sous Louis XIII, de 1610 à 1616, pour
séparer les domaines susceptibles de rachat de
ceux qui ne le seraient pas, en raison de leur
grand rapprochement de la mer. Le titre qui les
concerne existe encore à Quimperlé entre les
mains d'un avoué.

La clôture qui forme cette enceinte, d'après la
partie que j'ai observée, en traversant le chemin
du Pont-Dour-Dû, c'est-à-dire le *pont de l'eau
noire,* se compose d'une haie ou môle en terre,
large de trois mètres, avec un fossé de chaque côté
à sa base. Cette haie est accompagnée d'un mur
en pierres, du côté du levant; elle s'appelle *Diou-
bur-Roué,* le fossé du roi; sa direction est vers le
nord, puis elle se recourbe du côté de l'est. En
répondant à ma demande si elle se prolongeait
bien loin, Cariou me dit qu'il allait d'ici à Ban-
nalec, qui est à quatre lieues de poste au N.-O.,
et faisait ensuite le tour de la France et peut-être
même du monde entier. M. Mauduyt, en m'ap-
prenant la réalité à ce sujet, rit beaucoup de la
simplicité de nos pauvres paysans.

De même que les patrons des autres communes avaient, plus ou moins près de l'église paroissiale, une fontaine qui se trouvait sous leur invocation, de même saint Melaine avait aussi sa fontaine protégée dans une prairie voisine, qu'on appelle en conséquence la prairie de Saint-Melaine ; mais comme celle-ci n'avait rien de monumental et qu'on l'a complétement négligée, elle a tellement cessé d'être un objet de vénération, que les voisins vont y laver leur linge.

La fête patronale de Moëlan était une grande solennité pour le pays ; il y avait des courses et des luttes, où les vainqueurs obtenaient pour récompense un mouton, des chapeaux, des bonnets, des mouchoirs ou des rubans, un miroir ; on dansait de tous côtés, car partout ce n'était que plaisirs !... Mais sous un prétexte d'amélioration morale, le clergé breton a proscrit la danse, sans proscrire le jeu ni le cabaret aussi rigoureusement. Les jeunes filles qui se permettent la danse sont excommuniées tout le temps qu'elles ne renoncent pas à ce *plaisir criminel...* Il faut aussi qu'elles ne se promènent qu'entre elles le dimanche ; qu'elles se rendent entre elles aux offices divins, lorsqu'elles demeurent à distance du clocher... qu'elles fuient les garçons comme s'ils étaient le péché personnifié. Bref, il faut que chaque sexe fasse bande à part !!!

Par ce système d'isolement, notre Bretagne centrale est une nouvelle image du Paraguay, où la race humaine automatisée n'a qu'une vie morne, rustique, ne sachant qu'adresser à Dieu des prières incomprises, se domicilier dans les églises, et verser entre les mains des quêteurs pour les séminaires des aumônes prélevées sur les besoins urgents d'une pauvre famille. Nos campagnes surtout sont encore un pays où le prêtre est redevenu le druide autocrate ; ses injonctions ont acquis la même puissance.

Passons maintenant à la description des monuments.

La lande de Kerglien et ses deux menhirs.

Cette lande, qui est au S.-O. du bourg, en est séparée par un vallon médiocre, au fond duquel serpente le ruisseau de Damané [1]. Elle forme une colline inculte, élevée dans sa partie supérieure et parsemée de nombreux blocs de granit, qui sont plus ou moins considérables, sans être cependant très volumineux. Dans quelques endroits, le rocher qui constitue le fond du sol nous offre la singularité de s'élever en lames parallèles, exactement verticales, alignées du N.-O. au S.-E. Lorsqu'on les brise, on voit l'intérieur du granit d'un joli rose clair, couleur qu'il doit à la teinte de son feldspath, ainsi que ceux des côtes de Trégastel et de Notre-Dame-de-la-Clarté, près de

____

(1) Ce ruisseau se jette dans l'Océan au fond du petit golfe de Merrien.

Péros, au nord de Lannion [1]. Je n'en connais pas d'autres encore de cette couleur dans notre province.

Je dois faire observer, au sujet de la position redressée des feuillets ou lames granitiques, qu'en les voyant par leurs extrémités on pourrait être induit en erreur et les prendre au premier abord pour des pierres monumentales, c'est-à-dire ainsi plantées par nos ancêtres : il y en a même qui peuvent laisser de l'incertitude, surtout lorsque ces pierres sont isolées et d'une certaine élévation.

Je n'ai découvert, au sujet du nom de Kerglien appliqué à cette lande, que les mots bretons *gliz* et *glizien,* qui s'en rapprochent le plus. Le premier signifie en français *rosée du ciel,* et le second, *glizien,* la goutte, maladie. Alors le mot *glien* serait résulté de la suppression de la syllabe *zi,* dans le mot *glizien ;* et le nom de Kerglien eût été donné à la lande parce que nos ancêtres goutteux y seraient allés se frictionner contre l'un ou l'autre des menhirs, pour se guérir de leur maladie, ainsi que nos paysans vont encore se frotter contre la pierre de Saint-Philibert.

Quant au mot *gliz,* rosée du ciel, on ne peut pas considérer comme telle cette multitude de

---

(1) Je ne connais encore en France de ces granits rouges que dans ces deux seules localités, et cette roche se trouve ainsi analogue à celle des carrières de la haute Égypte dont on a fait l'obélisque de Luxor ; mais celle de Moëlan s'en distingue par son mica souvent disposé par couches.

pierres superficielles dont le sol est tout parsemé.

Cette lande se trouve entre la route de Douélan, du côté de l'E., et celle du château de *Placamenn*, à l'O.; elle est traversée d'orient en occident par celle de Bélon; c'est au bord de celle-ci, du côté du N., que se trouve le menhir nommé *Men-Kerglienn*, ou la pierre de Kérglienn, que nous allons décrire le premier. Comme il méritait d'être dessiné sous deux aspects, il se trouve figuré dans nos planches du côté du S.-S.-E. et de l'O.-N.-O.

1° Menkérglienn.

C'est un bloc vertical, haut de 12 pieds 3 pouces, obtusément arrondi à son sommet, mais qui paraît plus resserré en pointe lorsqu'on le voit du côté de l'O.-N.-O. Étant orienté de l'E. demi N.-E. à l'O. demi S.-O., ses faces principales sont exposées au S.-E. et au N.-O; celles-ci sont larges de 5 pieds 10 pouces à 4 pieds et demi au-dessus du sol, mais le monolithe vu de ce côté nous offre sur son bord oriental un resserrement qui forme une espèce d'étranglement de plus de 1 pied de profondeur, par lequel il se trouve divisé en deux parties d'égale longueur. C'est en même temps de ce côté que la pierre a le moins d'épaisseur, n'ayant que 14 pouces au plus, tandis que sa face opposée, c'est-à-dire l'occidentale, a 2 pieds 10 pouces.

Nous remarquons encore que le côté de ce bloc exposé à l'O. est plane et presque rectiligne dans

toute sa hauteur, au lieu de présenter un étranglement et d'être arrondi en ses bords ainsi que la
face au S.-E. Celle au midi est la plus unie, la plus
plane, n'ayant que quelques dépressions peu profondes. Sur celle au N., on voit une concavité qui
descend obliquement de sa partie supérieure jusqu'à 4 pieds de haut au-dessus du sol, en se rapprochant de plus en plus de son bord occidental.

On a cru rencontrer des caractères bizarres
exécutés sur cette pierre; mais en l'examinant
avec attention, j'ai reconnu que ces prétendues
lettres n'étaient autre chose que la partie feldspa-
thique du granit, disposée par bandes plus ou
moins tortueuses.

Comme ce menhir est placé dans l'alignement
de la haie en terre qui borde le chemin, M. Mauduyt, pour le conserver, a fait reporter celle-ci
en dehors du monument, afin que, se trouvant
sur le domaine public, il n'ait plus à redouter
que le vandalisme des ingénieurs du gouverne-
ment, qui tant de fois déjà ont détruit d'impor-
tants monuments celtiques pour réparer les chemins. Le relèvement de sa position l'établit au
S. demi S.-O. du bourg de Moëlan, dont il est
séparé par un petit vallon.

2° Menhir appelé *Michir-Cam*, ou la Pierre-Crochue.

Lorsqu'on monte sur la haie qui borde la route,
en face du menhir précédent, on en aperçoit un
second au midi, à une certaine distance, dans le

prolongement de la lande. La partie supérieure de cette pierre bizarre s'élève au-dessus de toutes les autres dont le terrain continue d'être parsemé.

Cette pierre est érigée au milieu d'un vaste plateau rocheux dont le niveau se trouve un peu inférieur au sol de Men-Kerglienn; mais au lieu d'être vertical comme celui-ci, le Men-Cam s'incline vers l'occident sous un angle de 78 degrés. Il est haut de 10 pieds 2 pouces, du même granite, coupé obliquement à son sommet et orienté du N.-O. au S.-E. Ses faces principales, qui sont N.-E. et S.-O., sont larges de 6 pieds inférieurement; mais comme la pierre va en se rétrécissant dans sa partie supérieure, elle n'a plus qu'un pied de largeur à son sommet.

Ses faces au nord et au midi sont les plus étroites : elles n'ont que 3 pieds 4 pouces à la base du bloc et 14 pouces environ à son extrémité supérieure. Son épaisseur est de 18 pouces dans sa partie moyenne.

Ce bloc, au lieu d'être en ligne droite comme les autres menhirs, nous présente la singularité d'être arqué vers son sommet, dans une direction du midi au nord, de manière à paraître un peu en forme de faucille; c'est une structure dont je ne connais pas encore d'autre exemple. Toute sa face rentrante est entièrement plane, large de 14 pouces au sommet du bloc, et de 3 pieds 4 pouces à sa base. Sa vive arête sur son angle au N.-E., au lieu d'être continue, nous présente une entaille qui commence en pointe à 3 pieds environ de hauteur, et va en s'agrandissant ensuite de plus en plus jusqu'au niveau du sol. Il est connu dans le pays sous le nom de *Michir-Cam,* qui signifie la pierre crochue, parce qu'on dit ici, par corruption, *michir* pour *menhir;* c'est un travestissement du mot *menhir* que je n'ai rencontré encore que dans cette seule partie de la Bretagne.

On remarque à la base de ce monolithe, du côté du N.-E., quelques pierres médiocres, dont une est placée comme pour le maintenir exactement dans le degré d'obliquité qu'on lui a donné. Cette pierre y est introduite entre sa base et celle d'une crête du roc granitique souterrain, qui s'élève à côté du menhir. J'ai fait aussi deux dessins de ce monolithe.

Le Men-Cam se trouve entre le chemin de *Pen-Prat,* de Chef-du-Bois, Kerzécol, et celui de Bélon, la Porte-Neuve et Pont-d'Aven. Il est érigé sur un plateau aride, nu, qui produit seulement de la bruyère et du petit ajonc, l'*Ulex autumnalis.* Mais tandis que cette plaine est si nue, si déserte, ses alentours sont très boisés et nous offrent diverses métairies. Si nous reportons nos regards de l'occident vers le midi, les arbres y composent un épais rideau, par-dessus lequel on aperçoit une partie du golfe qui forme l'entrée des rivières de Pont-d'Aven et de Bélon.

Au nord, c'est le bourg de Moëlan, au-dessous duquel on découvre vers l'E. la petite église dediée à saint Roch et à saint Philibert; elle est entourée de chênes touffus qui donnent à ce bassin l'aspect d'un bocage, et celui-ci vient s'unir à un bois de pins de la plus belle venue, lesquels ne sont plantés que depuis un demi-siècle sur la lisière de la lande.

Je ne dois pas omettre que cette lande est presque couverte, ainsi que les environs de Trégunc, près de Concarneau, de ces blocs granitiques superficiels qui l'ont fait regarder comme un *carneillou* celtique par M. de Fréminville. Mais l'exploitation de ces mêmes blocs, qu'on a entreprise et que l'on continue depuis quelques années, a fait connaître, ainsi que j'en avais la certitude, que ces réunions ne proviennent que des causes géologiques; et la preuve qu'elles ne sont pas des monuments funéraires, ainsi que l'a prétendu notre confrère, c'est qu'on n'a jamais trouvé par-dessous aucune espèce d'inhumation.

Quant aux parties du roc souterrain qui s'élèvent en crêtes verticales, celles-ci sont parallèles, dirigées du N.-O. au S. E. : lorsqu'on les voit par leur extrémité, on les prendrait alors pour de petits peulvans. Quelques-unes de ces roches sont rongées inférieurement de manière à se présenter sous une forme de céphalodes, c'est-à-dire de masses plus ou moins en forme de têtes.

Menhir de Kerzéler.

Ce menhir m'ayant été indiqué par M. Mauduyt

comme le plus remarquable de la commune, je m'empressai de lui faire ma visite le 3 novembre. Il est auprès du village dont il porte le nom et qui est situé à une demi-lieue du bourg, du côté du N.-E.; on s'y rend par le chemin qui conduit sur la Lande-au-Duc; mais comme cette pierre est environnée d'arbres qui la dérobent à nos regards, malgré sa hauteur de 4ᵐ,5o, on ne la découvre qu'en arrivant dans le champ vers le bord duquel elle est placée, quoique celui-ci se trouve près de la partie supérieure de la colline.

Au lieu d'être vertical, ce menhir est un peu incliné vers l'O. Il est brut, d'une forme manifestement carrée, avec ses faces principales au nord et au midi : celles-ci ont 1ᵐ,9o de largeur, et les deux latérales 1 mètre seulement. Ce bloc se resserre graduellement dans sa partie supérieure où il se termine par une pointe obtusément arrondie; quand on le voit par son angle S.-O., son sommet semblerait ajusté sur une tranche en biseau, ce qui résulte d'un brusque resserrement de là partie supérieure du menhir.

Je profitai de l'arrivée auprès de moi des gens du village de Kerzéler pour m'informer si l'on ne connaissait aucune tradition concernant cette pierre et sur le motif de son érection en cet endroit. Une négative constante fut la réponse à toutes les questions que je leur fis adresser par M. Alexandre Keraudy, mon interprète, qui les leur traduisait en breton. Le nom de *Kerséler*, qu'on

donne au village, nous offrirait par le nom de *Sé-
der*, qui signifie joyeux, enjoué et gaillard, dont
il dérive peut-être, l'image du caractère de ses
anciens habitants. Le champ où ce bloc est placé
ne porte que le nom de *Park-ar-Menhir*, le champ
de la pierre longüe, ainsi qu'en tant d'autres localités semblables. Il n'y a aucune autre pierre plantée de bout dans le voisinage, et si l'on rencontre
encore quelques autres blocs qui gisent naturelle-
ment sur le sol, c'est principalement sur la partie
supérieure de la colline.

On remarque auprès du monolithe qui nous
occupe, du côté de l'occident, une *sternate* formée
par un bloc couché dans une direction du N.-E.
au S.-O.

J'ai vu avec regret que le propriétaire du champ
accumulait au pied du menhir toutes les pierrailles qu'il extrait du champ : celles-ci forment
un amas déjà haut de 4^m,5o, et du côté opposé
s'élèvent de jeunes chênes, parmi une touffe de
buissons qui ne tarderont pas de masquer toute
la partie inférieure de cette pierre monumentale.

Surpris par la tombée de la nuit, je me trouvai
réduit à prendre en hâte mes notes, ainsi que le
croquis de cette pierre remarquable, et faire mes
adieux aux habitants de Kerséler : mais au lieu de
traverser les landes, comme je l'avais fait en ve-
nant, je fus obligé de revenir à Moëlan, en suivant le chemin des voitures qui s'élève par une
pente oblique sur le flanc de la colline : on appelle

celle route *Hent-Pont-Dour-Dú*, c'est-à-dire le chemin du pont de l'eau noire.

Quoique le ruisseau qui coule au fond du vallon soit fort limpide, ses eaux, une fois réunies dans l'étang voisin, dont le fond est une terre noirâtre, nous semblèrent en effet d'une couleur qui justifiait cette qualification. Les dernières lueurs du crépuscule ayant disparu aux approches de ce pont, il nous fallut achever le reste de la route au milieu d'une profonde obscurité.

Menhir de Park-Lun-Floïc.

Ce menhir, fort brut, ne nous présente plus un monolithe remarquable comme celui qui précède : il n'a que $1^m,72$ de hauteur, et au lieu de s'incliner vers l'occident, c'est du côté du nord. Ses deux faces principales sont exposées l'une au nord et l'autre au midi : elles sont larges de $0^m,70$ dans la partie supérieure de la pierre, tandis que les deux latérales, c'est-à-dire celles à l'E. et à l'O., n'ont que $0^m,50$ environ. Son sommet se resserre en pointe lorsqu'on le voit par sa face occidentale, mais du côté du midi il paraît comme coupé en biseau d'occident en orient. Il n'y a pas de sternates aux environs.

Le nom de *Park-Floïc* dérive peut-être de *Ploïc*, qui signifie le petit peuple; et ce nom nous rappellerait encore les courikets que la tradition place toujours autour des monuments druidiques. Ce Park-Floïc serait alors le champ du petit peuple.

Monument en ruine, ou inachevé.

A vingt-quatre pas de cette pierre, on rencontre du côté du N.-O., au delà d'une petite carrière, deux pierres qui sont placées parallèlement, alignées de l'O. demi N.-O. à l'E. demi S.-E., distantes de $1^m,5o$ environ et enfoncées en terre comme si elles eussent été destinées à servir de table à un dolmen. La principale, c'est-à-dire celle du côté du N.-E., est longue de $1^m,8o$ et haute de $o^m,8$; son épaisseur est de $o^m,5o$ dans sa partie moyenne, mais elle s'amincit beaucoup vers son extrémité S.-E.

L'autre pierre reste à fleur de terre, est plate au-dessus, et n'a que $1m,15$ sur une longueur de $o^m,45$. Cette dernière s'aligne directement sur le menhir, tandis que l'autre se dirige en dehors de celui-ci, du côté du S.-E.

Ces pierres se trouvent auprès du bourg de Moëlan, dans le champ qu'on appelle *Park-Lan-Floïc*, situé environ à six cents pas de l'église, du côté du N.-O. : en conséquence de ce rapprochement le menhir est aussi connu sous le nom de *Menchir-Ar-Vorc'h*, le menhir du bourg.

Peulvan de la lande Kerdoret.

Cette pierre isolée est encore plus petite que celle qui précède, n'ayant que 1 mètre de hauteur; elle est à peu près verticale, en pointe à son sommet.

et présente ses faces principales au S.-S.-E. et au
N.-N.-O. : celle au midi, qui est la principale, est
un peu concave inférieurement, tandis que celle
au nord est convexe. Cette dernière se trouve en
outre rétrécie par l'obliquité des deux latérales,
exposées l'une au levant et l'autre au couchant.

Il est situé à l'extrémité orientale de la lande de
Kerdoret, où il se trouve à 40 ou 50 pas environ
au midi de la grande route de Quimperlé. Je n'ai
pas observé de pierres dans son voisinage.

Le nom de *Kerdoret*, d'après lequel on désigne
cet endroit, se compose des mots *dor*, porte et
course. Alors le nom de Porte ou Entrée et la
Course nous indiqueraient qu'il y avait jadis des
courses dans la vaste lande qui est à l'arrivée de
Moëlan, du côté du Levant. On trouve encore le
mot *doress* en irlandais, qui signifie aussi porte,
l'entrée d'une maison, etc. Ce nom convient ici
parfaitement, puisque ce peulvan est précisément
à l'entrée de la grande lande de *Portz-Moëlan* ou
de *Saint-Philibert*.

Menhir de Saint-Guinal, ou de *Park-ar-Leur*.

Cette pierre granitique diffère des autres menhirs par son état qui n'est plus brut, ainsi que
ses analogues, mais adouci à la superficie par un
travail au marteau; en outre, ses angles sont abattus
de manière que le bloc devient fort régulièrement
arrondi : sa longueur n'est plus maintenant que de
$2^m,65$, ayant eu son sommet tronqué, sans doute par

l'effet d'une pieuse mutilation. Comme il va en s'amincissant graduellement depuis sa partie inférieure, celle-ci a $0^m,70$ de diamètre, tandis que le sommet ne présente plus que $0^m,24$ environ. L'on dirait ainsi d'une colonne ayant une forme un peu conique.

Au lieu d'être vertical, ce menhir est tellement incliné qu'il fait à peine un angle de plus de 15 degrés avec l'horizon : sa direction est d'occident en orient. J'ai vainement cherché quelques caractères, chiffres ou glyphes quelconques à sa superficie ; il n'en présente nulle part, quoiqu'il ait été travaillé. Le nom de *Park-ar-Leur*, sous lequel il est encore connu, signifie en français pierre du champ de l'aire à battre la moisson.

J'ai découvert cette pierre singulière le 1er novembre, en allant de Moëlan à Rosbras, sur la rivière de *Pont-d'Aven;* elle se trouve sur le versant à l'est de la colline de Bouriman, qu'on a travesti en Bourimon pour le franciser. Ce champ de Park-ar-Leur, où elle est placée, ne présente plus aucun autre intérêt. Il est situé au levant de la petite chapelle de Saint-Guinal, dont nous découvrons le petit clocher par-dessus les arbres destinés à l'abriter.

Il est à remarquer que le vallon qui se trouve au bas du coteau sur lequel nous voyons la pierre de Saint-Guinal porte le nom de *Pont-ar-Kermen*, c'est-à-dire Pont du Village ou Château de la Pierre. La colline opposée est cou-

verte par les arbres qui forment le petit bois de
Kéorzal, et du sommet de ces hauteurs on aperçoit du côté de la mer l'entrée de la rivière de Bélon. Celle-ci est bordée d'une côte aride, rocail-
leuse, qui forme du-côté de l'occident un promon-
toire fort élevé.

J'ai eu le regret de ne pouvoir trouver ce saint
Guinal sur le catalogue des saints de Bretagne. Il
peut néanmoins avoir été saint, quoique son mérite, n'ait pas débordé le petit vallon où nous
voyons sa chapelle. En cherchant l'étymologie de
son nom pour nous éclairer sur ce qu'il pouvait
être, nous n'y trouvons que *guin*, qui signifie
vin, ou *gwina*, dégainer. Alors c'eût été un che-
valier toujours en armes, et prêt à rompre une
lance ou croiser le fer en faveur du christianisme.

Menhir de Saint-Philibert.

Ce monolithe est érigé dans la lande de Kerdoret, qui confine pour ainsi dire au bourg de
Moëlan, en arrivant de Quimperlé: il est à cinquante
pas environ du bord de la route du côté du midi.
Il est vertical, haut de $3^m,15$ sur $0^m,90$ environ dans
sa plus grande épaisseur; mais à $1^m,30$ au-dessus du sol, il nous offre un resserrement du côté
du N.-E., qui le rend moitié plus étroit que dans
la partie supérieure.

Étant orienté du N. demi N.-O. au S. demi
S.-E., ses deux grandes faces se présentent l'une à
l'O. demi S.-O. et l'opposée au S. demi S.-E. ; et

par l'amincissement de ses bords inférieurement, sa troncature nous présente la forme d'un losange allongé.

Sa face à l'O. demi S.-O. est la plus plane, et de ce côté la pierre ressemble assez bien à une hache à manche fort court : le tranchant de celle-ci, tourné au nord, se recourbe en un arc qui remonte obliquement vers le sommet du dos, lequel fait face au midi. Ce sommet, au lieu d'être en pointe, s'arrondit pour rejoindre ensuite, en descendant un peu, l'extrémité du dos, lequel se trouve à peu près taillé en ligne droite dans toute sa longueur et un peu incliné vers le sud.

Mais l'on croirait voir une autre pierre lorsque nous nous plaçons en face de ce dernier côté : elle n'y conserve sa position verticale que jusqu'un peu au-dessous de sa partie moyenne; puis elle se resserre et forme un angle pour s'incliner vers l'orient, en s'épaississant en même temps dans sa partie supérieure. Sa face orientale, qui est la plus irrégulière, nous offre les principales inégalités : c'est de ce côté que se trouve une saillie en pointe obtuse qui détermine l'avancement de la partie supérieure du bloc. Le sommet de celui-ci s'élève au-dessus de cette saillie et se trouve au contraire coupé en un biseau dont la pente se dirige vers le midi.

La base du monolithe va en s'élargissant jusqu'au niveau du sol, de manière à nous y présenter plus de largeur qu'il n'a d'épaisseur dans sa partie supérieure. On aperçoit autour de lui plusieurs pierres enfoncées en terre comme pour le consolider : l'une de celles-ci, qui est un bloc de quartz, est placée à angle droit avec sa face à l'E.-N.-E. et s'élève à 0^m,7 ou 0^m,8.

On rencontre au N.-N.-E. de ce menhir, à 50 pas de distance, un petit peulvan haut de 0^m,85 seulement et de forme conique, qui est très obtusément arrondi à son sommet : il a 1 mètre de largeur à sa base et se trouve assez plane du côté du nord. Cette pierre se trouve au bord du grand chemin, en même temps qu'à 87 pas du dolmen dont nous allons parler.

Il est à remarquer que la procession du bourg, le jour de la grande et de la petite Fête-Dieu, passe entre ce menhir et le dolmen qui suit pour se rendre à la chapelle de Saint-Roch et de Saint-Philibert qui s'en trouve à peu de distance au S.-O., au bas de la lande. On appelle indifféremment ce menhir la *Pierre de Saint-Philibert* ou de *Saint-Roch.*

C'est contre le bas de sa partie saillante que les hommes et les femmes vont se frotter le ventre pour se guérir de la colique, mais il n'est pas essentiel que l'opération soit faite à nu : quoi qu'il en soit, la pierre est fort polie et même usée dans cet endroit, par son fréquent usage comme médicament.

La loge des Courikets de la lande de Kerdoret.

Ce dolmen est en ruines, ou bien il n'aurait pas été achevé : il se trouve dans la partie de la lande de Kerdoret qui est nommée *Gouaram Kerdoret*, au côté nord de la route de Moëlan à Quimperlé, à 75 pas environ de celle-ci ; il est au sud et près du village de *Portz-Moëlan*, à l'E.-N.-E. du bourg et au N. demi N.-E. de la chapelle de Saint-Roch et de Saint-Philibert.

Il est érigé sur un plateau qui s'incline au midi et sur lequel on ne rencontre pas d'autres pierres que celles dont ce monument se compose. Il n'attire point notre attention par les grandes dimensions de ses pierres, mais son isolement et ses blocs blanchis par des lichens crustacés l'empêchent de rester inaperçu à tous les voyageurs qui arrivent à Moëlan ou qui en sortent. Il mérite en outre la visite des archéologues par sa direction exceptionnelle du N.-N.-E. au S.-S.-O.

Son aire intérieure, au lieu d'être d'une largeur uniforme, s'évase à son entrée : celle-ci a 2^{m},60, mais il n'y a plus que 1^{m},48 contre la pierre de fond. Sa longueur égale celle des deux autres supports qui la bordent et qui est de 1^{m},50 environ. Ces supports ainsi que la pierre de fond ne s'élèvent pas à 0^{m},82 au-dessus du sol. La table rejetée en arrière reste appuyée contre cette dernière et le support septentrional ; elle est longue de 2^{m},62, large de 2^{m},07 sur 0^{m},35 d'épaisseur : sa forme est celle d'un parallélogramme peu régulier, plane à sa superficie. On y remarque une espèce de rigole peu profonde qui la traverse obliquement dans une direction du N.-O. au S.-E., où elle aboutit à une échancrure qui se creuse dans le bord de la pierre. Cette pierre repose sur le sol par son bord oriental, qui est à peu près rectiligne dans toute sa longueur.

La pierre de fond est verticale, longue de 2ᵐ,95, haute de 0ᵐ,65 et épaisse de 0ᵐ,65; elle n'est pas tout à fait contiguë avec le support méridional, tandis qu'elle déborde de plus du quart de sa longueur le support opposé.

Nous ne devons pas omettre que le réduit intérieur, au lieu de rester ouvert extérieurement dans toute son étendue, se trouve resserré sur la moitié environ de sa largeur par une pierre plantée en terre, haute de 0ᵐ,95, longue de 1 mètre et épaisse de 0ᵐ,45. On remarque encore vis-à-vis cette entrée, un peu plus loin, une petite pierre longue de 0ᵐ,20, dont la partie supérieure reste à fleur de terre.

Outre les cinq pierres qui composaient le dolmen, plus cette petite, on voit encore une grande table oblongue gisante sur le sol, en avant de son entrée; elle est longue de 2ᵐ,58, large de 1ᵐ,63 et épaisse de 0ᵐ,24 : son bord extérieur est coupé en ligne droite, ainsi qu'à la table dont nous avons parlé ci-dessus. Comme celle-ci suffisait pour recouvrir l'enceinte, je ne m'explique pas la présence de cette dernière pierre, à moins qu'on eût eu le projet d'agrandir le monument.

Il y a encore une autre pierre extérieure, placée contre celle qui resserre l'ouverture du dolmen et dans la même direction : sa longueur est également de 2^m,25 sur 1^m,20 de largeur à sa base, et 0^m,38 seulement à son sommet, en raison de sa forme, qui est en triangle allongé; elle se trouve la troisième principale de ce système monumental. Il est à remarquer que celle-ci et la précédente convergent par leur partie occidentale, et que la petite, à fleur de terre, se trouve au milieu de la distance qu'elles laissent entre elles.

On rencontre encore une huitième pierre que nous ne pouvons passer sous silence, en raison de sa longueur d'un mètre; mais elle est plate en dessus, et sa partie supérieure reste à fleur de terre. Cette pierre, large de 0^m,55, est en dehors du monument et placée parallèlement à la pierre de fond, sous le bord de la table, laquelle repose sur le sol, comme pour empêcher celui-ci de céder à son poids; mais elle déborde le côté nord de la table, sur un tiers environ de sa longueur totale.

Il ne nous reste plus à mentionner que les deux dernières pierres de ce dolmen, qui sont les onze et douzième, et sont les plus petites : elles se trouvent en dehors de son support septentrional. L'une d'elles, qui est à l'angle formé par la saillie du bout de la pierre de fond, n'a que 0^m,10 de largeur et 0^m,10 de hauteur, et la seconde 0^m,25 de longueur sur 0^m,15 de largeur.

Cette dernière, qui reste à fleur de terre, est à une petite distance du support, près de son extrémité occidentale ; elle est placée parallèlement à sa direction.

La petitesse que présente l'enceinte de ce monument et le peu d'élévation des supports de sa table lui ont fait donner le nom de Loge des Courikets, *Longe-ar-Couriket* en celto-breton : l'on m'a désigné la lande où il est érigé par les noms de *Lan-Kerdor* et Kerdoret. Comme les terres ne sont pas bouleversées à l'entour, je présume que ce dolmen n'aura pas été achevé.

Dolmen de Kergoustance.

Ce grand dolmen m'avait été vanté à juste titre par M. Mauduyt, et s'il n'a pas la hauteur de la Roche-aux-Fées, des environs de Rennes, il rivalise pour ainsi dire avec celle-ci par une longueur de 18 mètres. En le voyant aligné du N.-E. au S.-O., on serait tenté de croire que cette direction lui a été donnée afin qu'il représente la position du soleil aux solstices, époque qui fut aussi celle du commencement de l'année chez les Gaulois.

Ce dolmen est le plus rapproché du bourg : on s'y rend en suivant un vieux chemin qui commence à l'extrémité de la rue à l'ouest de l'église, et qui s'appelle le chemin de Kergoustance, vraisemblablement d'après le nom du monument.

Comme cette route passe à quelque distance du petit village qu'on appelle aussi Kergoustance, en raison de son voisinage du dolmen, il devient manifeste que le chemin n'a reçu ce nom que parce qu'il se dirigeait vers celui-ci ; et nous ferons même remarquer à ce sujet qu'il a, depuis le bourg jusqué vis-à-vis du monument, une largeur beaucoup plus considérable que tous les chemins vicinaux ordinaires, mais qu'il se rétrécit bientôt au delà, pour ne plus offrir que leurs simples dimensions. Toute cette contrée nous présente un terrain plat, jadis en landes, mais de bonne qualité et très boisé.

Pour arriver au dolmen, il faut quitter la grande route et prendre le sentier qui se rend directement au village, en traversant quelques champs. J'ai remarqué dans ceux-ci quelques blocs de granit gisants sur le sol, qui m'ont paru de transport et abandonnés là comme inutiles au complément du dolmen. Celui-ci se trouve au S.-O. du village, dans une espèce de lande qu'on a nommée sur les cartes du cadastre *Lande de Kergoustance* ; mais la partie où il se trouve est désignée par le nom particulier de *Park-Boutinnkér*, qui signifie en français Champ du Butin.

Ce beau dolmen est aligné contrairement à la généralité des Longs-Dolmens ou Roches-aux-Fées, c'est-à-dire du N.-E. au S.-O., ainsi que nous l'avons dit ci-dessus. Sa hauteur au-dessus du sol, sous les couvertures, n'est que de 0^m,90, et sa largeur intérieurement varie de $1^m,60$ à 2 mètres au plus. Il se compose de six tables dont trois se trouvent renversées obliquement, n'étant plus élevées au-dessus du sol que par un seul support, celui qui est placé sous leur extrémité septentrionale. Il a son entrée au N.-E. et sa pierre de fond au bout opposé : le corridor qu'il forme est en ligne droite dans toute sa longueur.

On a placé vis-à-vis son entrée deux pierres convergentes, qui ne laissent entre elles qu'un passage de $0^m,60$ de largeur : celle au nord a $1^m,45$ de longueur sur $0^m,90$ de hauteur ; l'opposée n'a que $0^m,85$ de longueur, est couchée et s'élève à peine au-dessus du sol. L'une et l'autre forment ainsi une espèce de petit parvis, mais qui manque de couvertures. Ce dolmen est fermé à son extrémité occidentale par la pierre de fond, dressée verticalement sur le côté, haute de 1 mètre, épaisse de $0^m,45$ et coupée horizontalement en dessus.

Les six tables dont il est couvert sont plates en dessus : quatre d'entre elles, et ce sont les principales, sont d'une forme irrégulièrement arrondie ; deux seules se trouvent étroites et une fois plus longues que larges : ce sont la deuxième et la troisième. Leur ensemble compose une série qui se recourbe un peu vers le sud par son extrémité.

La première table, ou l'antérieure, a $2^m,50$ de longueur sur $2^m,15$ de largeur. La deuxième table a 3 mètres de longueur sur $0^m,80$ de largeur : elle se rétrécit encore davantage par son extrémité sud où elle se termine par une pointe obtuse. La troisième table a 2^m,80 de longueur sur 2^m,20 de largeur. La quatrième table a 3 mètres de longueur et 2^m,75 de largeur. La cinquième table est longue de 3 mètres sur 3^m,25 de largeur. Enfin la sixième a 2^m,76 de longueur et 2^m,10 de largeur. La pierre de fond est dressée sur le côté, longue de 2^m,90 sur 0^m,45 d'épaisseur.

Nous ne devons pas omettre une septième et dernière table qui couvre encore un réduit particulier, construit en arrière de cette pierre de fond; elle a 2^m,75 de longueur sur 1^m,30 de largeur. Ce réduit nous offre une double particularité, qui consiste d'abord dans cette nouvelle addition au monument; en second lieu, parce que les supports de cette couverture, au lieu d'être placés dans une direction en ligne droite avec les supports des tables du dolmen, sont alignés parallèlement d'une manière oblique vers le S.-O.

Nous voyons sept supports qui sont restés en place sous l'extrémité septentrionale des tables de ce monument; mais un huitième, qui est l'avant-dernier, en allant de l'E. à l'O., se trouve arraché et rejeté à une petite distance en dehors de leur alignement. Du côté du midi nous n'en comptons plus que quatre, dont l'état incliné en dedans du dolmen donne une obliquité fort remarquable à toutes ses tables de ce même côté. Il en manque un sous le bout oriental de la troi-

sième table, et deux autres sous la cinquième et
la sixième, de sorte que ces deux dernières repo-
sant maintenant sur le sol par cette extrémité,
sont ici dans la position des demi-dolmens.

La table qui formait la couverture du réduit
construit extérieurement contre la pierre de fond
se trouve aussi renversée obliquement en arrière,
au devant de son entrée, de sorte qu'on ne peut
considérer le monument que comme trop manifestement mutilé.

Celui-ci devait alors se composer primitive-
ment de huit à neuf supports de chaque côté;
des sept tables qu'il nous offre encore, d'une
pierre de fond pour clôture; des deux supports
de la table du réduit adossé à la pierre de fond ;
de trois pierres extérieures placées sur une même
ligne, du côté du nord du dolmen, où elles cor-
respondent au bord occidental de ses trois premières tables ; enfin des deux pierres de son parvis : en totalité trente et une pierres. Toutes sont
de transport et de ce granite qui constitue le
fond du sol. Mais on n'en voit pas d'autres extérieurement aux environs.

Pour compléter ce qui concerne ce monument, je m'informais, auprès des habitants du village de Kergoustance, s'ils ne connaissaient pas
quelques traditions à son sujet. « Nous ne savons
autre chose, me dirent-ils, que le nom de *Longe-
haouen-Kouriganet* ou de *Ti-c'houriket*, qu'on
lui donne dans le pays. » Ils me répondirent

encore, au sujet de ces Kouriganets, que ce petit
monde n'existait plus depuis longtemps ; que,
malgré leur petitesse, ils étaient d'une grande
force, et que lorsqu'ils rencontraient des gens
âgés, ils les emmenaient avec eux pour les faire
danser autour de ce dolmen qui était leur habi-
tation. C'est en conséquence qu'il a reçu le nom
de *Longe*, c'est-à-dire loge, cabane des Kouriganets. J'en ai fait le plan et deux dessins, l'un pris
du côté du N. et un second pris au S.-E. : c'était
le 3 et le 5 novembre.

Le terrain où nous voyons aujourd'hui le village et le dolmen de Kergoustance était jadis inculte, en landes : il ne reste plus actuellement
qu'une portion de cette lande qu'on appelle la
Lande de Kergoustance. J'y ai remarqué quelques
blocs de rochers épars, mais qui étaient naturels.

Quant au nom de Kergoustance, je ne dois pas
omettre que les habitants disent aussi Kergons-
tance. Si le mot de *gonstance* s'était formé par
corruption de *goutam* pour *coutam* qui signifie
venin, poison, alors le nom de *Kercontam* eût
signifié, le village du poison, nom qu'il aurait
reçu par rapport à son monument réprouvé des
chrétiens [1].

Le Peltier, dans son *Dictionnaire breton*, nous
offre le mot *goustat*, qui signifie doucement, sans

____

(1) C'est ainsi que le bois dans lequel se trouvait autrefois
la célèbre Roche-aux-Fées des environs de Rennes avait été
appelé le bois du *Teil*, c'est-à-dire du fumier.

bruit : ce nom, appliqué à cet endroit, pourrait provenir du recueillement, du mystère avec lequel les druides auraient célébré leurs cérémonies religieuses, et l'une et l'autre des deux étymologies ne me paraît pas invraisemblable. Quant au village actuel, j'ai eu le regret de n'y rencontrer aucuns vestiges d'antiquité.

Dolmen de Kerségalou.

Ce dolmen est à 3 kilomètres du bourg de Moëlan, du côté de l'occident : on le désigne aussi par le nom du village auprès duquel il se trouve, et dont le nom dérive de *ségal*, seigle, qui fait *ségalou* au pluriel; il signifie par conséquent village de la contrée des seigles. Un beau menhir accompagne ce monument auquel il me fallut faire deux visites pour en prendre deux vues et en dresser le plan : ce fut les 15 et 16 octobre.

Moins considérable que celui qui précède, il n'en appartient pas moins à la classe des LONGS-DOLMENS, se composant de quatre grandes tables qui forment un corridor long de 30 pieds, sur 5 pieds 8 pouces de largeur; il est aligné d'orient en occident.

Ses tables ont une forme ovale, ou même oblongue, et vont en diminuant de grandeur de l'avant en arrière. La première, à l'est, est longue de 9 pieds et demi et large de 8 et demi : comme elle n'a que 8 pouces d'épaisseur par son extré-

mité sud, tandis qu'elle en 3 à l'opposée, c'est-
à-dire à celle au nord, cette inégalité de poids a
déterminé, de ce dernier côté, l'affaissement de
son support vers l'intérieur; d'où il résulte que
la table ne s'y trouve plus qu'à 3 pieds au-dessus
du sol. Mais elle s'élève à 5 pieds par celle au midi,
le support de cet autre côté ayant conservé sa
position primitive : c'est le plus haut de tous ceux
du dolmen.

Cette première table est d'une forme assez régulièrement ovoïde quant à sa circonscription,
ayant son bout un peu rétréci du côté du midi :
elle est très plane en dessous et doit l'épaississe-
ment de sa partie supérieure à un gros mamelon
arrondi qui s'élève obliquement de plus en plus
vers sa partie septentrionale.

La deuxième table n'a que 4 pieds d'élévation
par son côté sud, où elle se termine plus en pointe
que la précédente : elle est établie bien horizontalement et s'exhausse en dessus longitudinale-
ment, de manière à s'y trouver épaisse de 3
pieds. Sa longueur est de 10 pieds, sur 7 de largeur.

Au lieu d'avoir, comme celles qui précèdent,
sa partie rétrécie du côté du sud, la troisième
table y devient au contraire plus large ; et si
elle n'a que le tiers de l'épaisseur de celle dont
nous venons de parler, elle l'emporte sur elle par
sa longueur de 10 pieds et demi et sa largeur de
7 et demi : elle se trouve fort plane en dessus et

en dessous. Sa forme est arrondie d'une manière très obtuse à ses deux extrémités, un peu en arc sur son bord oriental, et un peu rentrante au contraire par le côté opposé. C'est la principale du monument.

Nous ne pouvons mentionner qu'avec incertitude la quatrième table de celui-ci : elle est rompue, n'a que son extrémité méridionale de visible et paraît être moitié plus étroite que les autres : elle est du reste toute enterrée sous un amas de terre mêlée de pierrailles, que couvrent des buissons, en même temps que renversée obliquement de l'avant en arrière contre la pierre qui ferme le dolmen à son extrémité occidentale. Cette dernière est rompue en deux morceaux presque enfouis eux-mêmes en totalité, et qui ne paraissent que les restes de sa partie inférieure.

Les supports de ces tables sont au nombre de cinq du côté du midi. Il y en avait sept vraisemblablement au nord, mais, par l'effet de la mutilation du monument, le dernier placé contre la pierre de fond a disparu : peut-être est-il renversé sous l'amas de décombres qui couvrent même plus de la moitié de la table.

Leur ensemble nous offre des différences fort remarquables quant à leur longueur et leur largeur. On en voit même deux, au côté sud, qui auraient fait de belles tables par leur longueur de plus de 7 pieds et leur hauteur de 5 environ. Les deux autres principaux sont moitié plus étroits et terminés en pointe à leur sommet. Le dernier, contigu à la pierre de fond, a sans doute été mutilé, car il n'a plus que 2 pieds de hauteur.

Ceux au côté nord ont, au contraire, une largeur assez uniforme qui est de 3 pieds, terme moyen, sur 3 pieds 7 pouces de hauteur : ils se resserrent en pointe dans leur partie supérieure.

On a construit vis-à-vis l'entrée de ce dolmen un parvis découvert, long de 4 pieds, composé de deux pierres de chaque côté, qui sont placées dans l'alignement des supports de ses tables. Ses deux pierres sont parallèles et ne laissent entre elles qu'un intervalle de 3 pieds : mais les secondes ou intérieures convergent l'une vers l'autre en s'infléchissant au S.-E. Il est à remarquer que cette espèce de petit corridor se trouve barré, au milieu de sa longueur, par une pierre transversale placée sur le côté et haute de 2 pieds, laquelle se trouve à l'origine de son resserrement. C'est encore le seul exemple que je connaisse où l'on rencontre cette clôture.

Il n'y a pas d'autres pierres dans le champ, si ce n'est le grand menhir suivant et qu'on a érigé près de ce dolmen, soit pour le signaler, soit pour l'accompagner : ce champ a reçu le nom de champ des *Couricans* ou *Gourigans*. On l'appelle aussi *Park-ar-Minigou*, c'est-à-dire le champ des petites pierres.

Menhir de Kerségalou.

Ce beau monolithe est en granit rose, ainsi que le dolmen que nous venons de décrire, et dont il est seulement à six pas de distance au S.-E. Il est isolé, vertical, brut, haut de 14 pieds environ, large de six sur ses grandes faces, qui sont exposées au nord et au sud, et de 2 seulement sur les latérales, lesquelles se trouvent arrondies sur leurs angles : il est orienté de l'E. demi N.-E. à l'O. demi N.-O.

Sa face au N.-E. est la plus plate, celle au midi un peu convexe. Son sommet se resserre en une pointe peu aiguë qui confine à sa face orientale, et tandis que ce dernier côté descend ensuite presque verticalement, l'opposé, c'est-à-dire l'occidental, va au contraire en s'élargissant d'une manière arquée jusqu'à la partie moyenne du bloc, où se trouve sa principale largeur. Celui-ci y devient ensuite rentrant par l'effet d'une échancrure, au delà de laquelle il s'élargit derechef; puis il va en se rétrécissant jusqu'à sa base, où il n'a plus que la moitié ou environ du diamètre de sa partie moyenne. Le champ où il se trouve porte le nom de *Park-ar-Menhir* et de *Park-ar-Minigou*, comme nous l'avons dit ci-dessus.

Ce menhir, au lieu de s'aligner exactement sur le dolmen, se dirige en dehors de celui-ci du côté du S.-O.; comme il est dans un terrain qu'on cultive tous les ans, les sternates qui pouvaient être placées à sa base ont été sans doute enlevées et emportées au village voisin, pour servir à-la construction de quelque bâtisse. Il se trouve, ainsi que le dolmen, dans la partie occidentale d'un sol en plaine, très fertile, qui s'incline un peu vers le S.-O. Ces exemples d'un dolmen accompagné d'un grand menhir sont peu communs.

Long-dolmen, ou Roche-aux-Fées de *Park-Biouraç'h*.

Je profitai de la belle journée du 13 octobre pour aller dessiner et prendre mes notes sur le grand dolmen qu'on m'avait indiqué entre Port-Bélon et le village de *Kermeur-Bihan,* situé à deux lieues de poste environ, à l'ouest du bourg de Moëlan. Comme la route pour y arriver est difficile à suivre à cause de ses sinuosités et de la rencontre de divers autres petits chemins qui la traversent, il faut nécessairement prendre un guide pour éviter une fausse direction.

Le nom de champ Biourar, *Park-Biourac'h* en breton, qu'on donne au domaine sur lequel se trouve ce dolmen, se compose des mots *rac'h,* gale, teigne, et de *biou* pour *piaou,* qui signifie posséder. Grégoire de Rostrenen nous fait observer que ce mot n'est usité qu'au pays de Vannes[1]. *Biou* pourrait être encore pour *tiou,* qui signifie les maisons.

(1) C'est ainsi que nous voyons, en Crozon, le village de *Ker-glintin,* qui signifie village de l'endroit de la teigne.

On se rend à ce dolmen en suivant d'abord la
route de Port-Bélon jusqu'au delà de la planta-
tion de pins qui occupe la partie supérieure de
la lande de Kervigodez; puis on la quitte pour
suivre une charrière à main droite, qui forme
l'origine de l'espèce de chemin vicinal par lequel
on arrive au village de *Kermeur-Bras,* qui est à
une demi-lieue devant nous au N.-O.; mais la
lande finit au pied de la colline sur le flanc de
laquelle se trouve ce village, et nous apercevons
même d'assez loin le faîte de quelques-unes de ses
maisons par-dessus les arbres qui les avoisinent.

Ce nom de Kermeur, qui signifie le grand village, même la grande ville, me faisait croire qu'il
aurait du moins quelque importance archéologi-
que, et je tenais à le visiter; mais j'ai eu le regret
d'être détrompé en le traversant; je n'y ai vu que
deux à trois métairies ordinaires.

Le reste du trajet jusqu'au dolmen est difficile
à cause des sinuosités de la route et son entre-
croisement avec d'autres chemins de servitude:
mon guide fut même obligé de la demander. On
monte ici de plus en plus, en traversant un sol
qui forme un contraste complet avec la grande
lande de Kervigodez, par son état très boisé et
sa mise en culture de toutes parts.

Après avoir franchi la crête de la colline, en
suivant notre direction vers le N.-O., nous ne tar-
dâmes pas d'apercevoir sur son versant occidental
le grand orme qui signale le village de Kermeur-

Bihen, voisin du dolmen : cet arbre est le doyen
et le géant de tous les environs, comme si la
terre, usée par le cours des siècles, ne pouvait plus
engendrer maintenant des formes aussi grandes.

Un nouveau désappointement m'attendait à
mon arrivée au village de Kermeur-Bihen : comme
mon guide ne connaissait pas l'endroit où se trouvait le dolmen, il le demanda à un homme qui
était assis à sa porte, puis à un autre; et aucun
d'eux ne le savait. Je finissais par désespérer
complétement de trouver ce monument, lorsque
je rencontrai une femme; je lui fis adresser la
même question par M. Keraudy. « Je ne connais
point non plus ces pierres-là, répondit-elle. —
Mais ces pierres sont dans un champ qu'on appelle *Park-Biourac'h;* savez-vous où est ce champ?
— Oui, il n'est pas très loin. — Si vous voulez
nous y conduire, voilà pour vous. » (Je lui pré-
sentai une pièce de dix sous.) Tout aussitôt une
expression de joie se peint sur le visage de cette
femme : elle regarde les deux hommes que je quit-
tais d'un air narquois, et nous mène au dolmen
d'un pas accéléré.

Ce grand dolmen se trouve dans le champ de
Biourar, nommé *Park-Biourac'h* en celto-breton[1],
qui appartient à Pierre Guennec et à Guillaume
Guilloret, auxquels j'ordonnai sa conservation, en

(1) On dit aussi *Park-Priourar.* Comme il encombre le champ,
les propriétaires me dirent qu'ils le feraient sauter avec de la
poudre.

m'appuyant de titres malheureusement trop fragiles : il est sur l'extrémité du coteau qui descend à l'anse nommée *Portz-Lanriot*, laquelle forme un petit golfe sur la rive gauche de la rivière de Bélon.

On a donné aussi le nom de *Ti-Couriket*, maison des nains ou courikets, à ce monument : il a seize pas de longueur et s'aligne de l'E. trois quarts N.-E. à l'O. trois quarts S.-O. Le côté nord nous présente sept tables bien distinctes, plus l'emplacement d'une huitième, qui manque contre sa pierre de fond, à l'occident. Elles sont élevées à trois pieds et demi au-dessus du niveau du sol, du côté du nord, par une dizaine de supports placés presque tous en ligne directe, de dimensions assez uniformes, arrondis ou coupés horizontalement en dessus; leur largeur varie de trois à quatre pieds.

Comme ce monument est encombré de pierrailles et couvert de buissons, principalement sur son côté méridional, on n'y aperçoit plus que six supports; sa partie antérieure s'y trouve même tellement masquée par une touffe de sureau, entremêlée de troënes, de prunelliers et de notre grande fougère, qu'il m'a été impossible de m'assurer s'il n'était pas précédé d'un parvis, ainsi que nos autres longs-dolmens.

La première table, au levant, a 9 pieds de longueur sur 5 de largeur; elle se termine en pointe à ses deux extrémités. La seconde est un peu plus courte, et la troisième n'a que 7 pieds et demi de longueur. Je dois citer principalement la cinquième, dont la longueur est de 10 pieds sur une largeur de 7; c'est la plus grande de toutes les sept.

Les trois suivantes, qui couvraient la suite du corridor jusqu'à la porte de fond, sont masquées par les décombres; mais c'était à la première de celles-ci que s'arrêtait la grande largeur du dolmen, puisque leurs trois supports forment subitement un nouvel alignement en dedans de la série des antérieurs. Le passage qui existait à ce resserrement du dolmen est maintenant occupé par un chêne médiocre, quoiqu'il m'ait paru assez ancien.

La pierre de fond s'aligne exactement du N.-O. au S.-E.; elle a 5 pieds 10 pouces de largeur sur 3 pieds 4 pouces au-dessus du sol. Elle est inclinée en arrière par son bord supérieur, ce qui résulte peut-être de la poussée de l'amas de pierrailles amoncelées contre elle intérieurement. Peut-être que cette extrémité du corridor avait été rétrécie, pour que ses derniers supports ne débordassent pas de chaque côté la largeur de la pierre de fond.

J'ai été réduit, comme on le voit par ce qui précède, à ne pas exécuter sur ce monument un travail aussi complet que je l'aurais désiré : il aurait fallu le faire déblayer, et je n'ai aucune allocation sur la liste civile à cet effet. C'est alors un complément que je dois signaler à ses favoris, afin que les archéologues puissent dire à leur tour : *Nous sommes satisfaits!*

Je ne pus quitter la position de ce long-dolmen sans admirer le charmant paysage qui s'offre à nos regards du côté de l'occident : de là nous dominons l'élargissement de l'anse de Bélon, au bord de laquelle est la jolie maison de campagne de M. Sominiac, accompagnée d'arbres élevés et d'un jardin qui descend jusqu'au bord de l'eau : au bas de celui-ci se trouve un embarcadère avec son bateau stationnaire, pour faire des promenades sur le bras de mer et la rivière de Pont-d'Aven, qui s'y réunit un peu plus à l'O. C'est un havre abrité, où viennent mouiller des chasse-marées de 5 à 600 tonneaux; les arbres nombreux et d'une belle venue, dont la colline est plantée, y font un charmant contraste avec les autres collines exposées au midi ainsi qu'à la violence des vents de l'Océan. Elles se trouvent entièrement nues et en landes incultes.

Du côté du levant, le sol forme un plateau élevé, dont les diverses cultures se font en plaine, et cette étendue est limitée par le village de *Kermeur-Bihen* ou *Kerivien*, dont on aperçoit les toitures; au-dessus de celles-ci s'élève le grand orme fort ancien dont nous avons parlé ci-dessus, et dont la hauteur est au moins double des autres arbres de la contrée.

Cette plaine est bordée au midi par le vallon de *Portz-stanc-Kérivien*; et du côté du nord, la partie supérieure de la plaine nous masque le prolongement de la rivière de Bélon vers *Portz-Nevez* ou le Port-Neuf. Ce mot de Bélon ne nous rappelle-t-il pas ici la divinité gauloise nommée *Bélus* ou le Soleil, ou l'Apollon du paganisme?

La loge des Courikets de la Lande-au-Duc.

Il me restait à connaître le monument de la Lande-au-Duc, qu'on appelle la Pierre ou Loge des Courikets; je m'y fis conduire par mon guide ordinaire, Guillaume Cariou. On s'y rend par le petit chemin qui mène aux villages de la Grande et de la Petite-Salle, appelés en breton *Hint-ar-zalo-bras* et *Ar-zalo-bian*. Le dernier est à une demi-lieue N.-E. de Moëlan.

Au lieu de retrouver un nouveau dolmen, ainsi que je le croyais, d'après le nom de Loge des Courikets, j'ai eu la surprise de ne voir ici qu'une longue pierre de granit, couchée du N. au S., sur deux autres pierres qui deviennent pour elle une espèce d'estrade haute de 0^m,60 à 0^m,70; ces dernières laissant entre elles un intervalle de 1 mètre environ, on a donné le nom de Loge des Courikets à ce petit réduit : celui-ci se trouve à peu près sous la partie moyenne de la grande pierre. On peut considérer cette disposition comme un dolmen anormal.

Petit Peulvan de la même lande.

A quelque distance de cette Loge, du côté de

l'E., on rencontre un petit peuuvan qui est orienté d'une manière assez exacte aux quatre points cardinaux. La partie supérieure de cette lande nous offre, de même que celle de Kerglien, de nombreux blocs de granit épars; mais il n'y a pas d'autres pierres monumentales que celles que nous venons de mentionner. Ce terrain forme une colline élevée qui borde le côté S. du vallon au fond duquel coule le ruisseau du Moulin-au-Duc.

Lignes ou Turcies de la lande de la Grande-Salle.

En parcourant cette lande, j'eus le plaisir d'y rencontrer deux turcies ou parapets en terre, rapprochées l'une de l'autre, qui se dirigent d'orient en occident, et sont inégales; celle qui est au midi a moitié plus de largeur ou d'épaisseur que l'autre, en même temps qu'un peu plus d'élévation. Cette dernière s'étend sur une longueur de cent pas environ, tandis que l'autre, c'est-à-dire celle au N., est un peu plus courte.

Cette lande se trouve presque contiguë avec la Lande-au-Duc dont nous venons de parler dans l'article précédent. C'était le 3 octobre que je les visitais. Cariou ne put rien m'apprendre au sujet de ces deux turcies; il n'en avait jamais entendu parler dans le pays.

Dolmen de Poulvez.

J'indique celui-ci d'après les renseignements

qui me furent donnés sur les monuments des environs de Moëlan, mais je ne l'ai point visité. Le
nom de *Poul-Vez* signifie en français: terrain bas,
plaine inférieure au reste du pays, et *vez* ou *veiz*,
orge. Alors ce serait une contrée où l'on aurait
cultivé l'orge particulièrement. C'est une dénomi-
nation analogue à celle de Kerségalou.

Menhir du Lan-Vienn.

C'est encore une roche monumentale dont je
laisse la visite et la description à mes successeurs :
puissent-ils être assez heureux pour la voir aller
boire au ruisseau de Kerglien, à minuit, le jour de
Noël, ainsi que dans le bon vieux temps; mais elle
n'a plus eu soif, dit-on, depuis la fin du xviii° siècle.
M. Mauduyt fils, qui a eu la complaisance de me
l'indiquer, lui suppose une hauteur de 5 mètres;
il se trouve sur la route de Clohars. Le nom de
Lan-Vienn est formé de *lan,* terre, et *bihan, bihen,* qu'on a ensuite changé en *vien*, par eupho-
nie, qui signifie petite. Il est à remarquer que
lorsque le mot *lan* est en tête d'un nom, il indique toujours une localité vénérée; quelquefois
même il pourrait être considéré comme synonyme
de chapelle.

NOTICE

SUR SAINT MELAINE

PATRON DE MOELAN.

La présence, dans la seule commune de Moëlan, de tous les monuments que nous venons de décrire, démontre combien le druidisme y avait jeté de profondes racines et quel devait être l'attachement de la population pour cette religion paternelle. Les prédications des premiers missionnaires chrétiens ne parvinrent pas à faire abjurer radicalement celle-ci, car malgré tous leurs efforts et le concile qui se tint au viiie siècle, à Nantes, pour cet objet, une foule de monuments n'ont pas été détruits, et ici, à l'exception des dolmens qui ont été plus ou moins mutilés, ainsi que nous l'avons vu, tous les menhirs sont restés intacts.

Pour opérer cette extinction complète du culte primitif, il fallait un homme d'un mérite supérieur, de science, éloquent, et le diocèse de Vannes lui avait donné naissance. De brillantes études au collége de cette ville, jointes à une piété fervente, l'avaient mis au-dessus de ses condisciples et fait accueillir partout avec distinction; mais sa piété le fit renoncer au monde, au rang distingué que lui donnait la noblesse de sa famille et se vouer à l'état ecclésiastique pour être tout à Dieu. Cet homme fut saint Melaine dont nous avons parlé précédemment, et d'après ses qualités éminentes, ce fut lui qui fut choisi comme le plus capable d'obtenir ce triomphe du christianisme. Le succès répondit à son zèle par la conviction qu'il portait dans les esprits, et le peuple, plein de vénération pour ses vertus et le nouveau culte dont il était l'apôtre, dès lors le prit pour son patron et l'a conservé jusqu'à nos jours.

J'ajouterai, au sujet de saint Melaine, qu'il naquit en 462 au domaine de Placz ou Pletz, qui appartenait à sa famille[1], et qui est devenu depuis le bourg de Brains. Ce fut là qu'il bâtit son premier monastère et qu'il vint terminer sa carrière apostolique, l'an 509, selon Albert le Grand, ou en 567, d'après les Bollandistes[1]. J'ai retrouvé en 1830 les derniers restes de ce vieil édifice, dans lequel j'ai reconnu la construction romane parfaitement caractérisée. Robin ou *Robinius* rapporte dans les Bollandistes, sur l'autorité de Grégoire de Tours, que ce monastère fut incendié et qu'on y voyait le tombeau de saint Melaine magni-

---

(1) *In fundo paterno, nomine Placium vel Placio; gallice* Platz aut Pletz selon Albert le Grand, situé sur le bord de la Vilaine, au-dessous de Langon.

fiquement orné. Ce dernier fait est une erreur
manifeste, d'autant plus qu'Albert le Grand nous
apprend, d'après tous les titres qui concernent
saint Melaine, que les évêques de Bretagne firent
transporter immédiatement son corps dans la ca-
thédrale de Rennes, dont il avait occupé le siége
depuis l'année 5o5, étant alors âgé de 47 ans. Il
fut le quinzième évêque de son diocèse. Son
corps y fut reconduit en bateau solennellement,
et le ciel voulut que tous les obstacles que le
cours de la rivière n'avait cessé de présenter
jusqu'alors à la navigation disparussent subitement.

Albert le Grand nous mentionne encore, au
sujet de saint Melaine, des positions géographi-
ques que je n'ai pu reconnaître sur le trajet de
Rennes à Brains. Voici le fait : « Un jour, dit-il,
« que le saint évêque se rendait de la ville de
« Rennes à son oratoire de Placz, le diable, avec
« sa queue d'habitude, des yeux flamboyants et
« la tête surmontée d'une paire de cornes prodi-
« gieusement longues, vint s'offrir à lui; c'était
« en arrivant à un endroit fortifié, que l'auteur
« nomme *Martiacum Castrum*, château fort, situé
« sur le sommet d'une montagne au pied de la-
« quelle coule la petite rivière appelée l'*Ava*. »

La connaissance que je possède moi-même
du pays que saint Melaine devait alors traverser
me ferait présumer que ce *Martiacum Castrum*
pourrait être Pléchatel, *Plebs Castelli* : ce bourg

se trouve en effet sur une hauteur au pied de laquelle nous voyons la petite rivière appelée aujourd'hui le Semnou, qui vient se jeter ici dans la Vilaine. Mais Pléchatel est sur la rive gauche du fleuve départemental, tandis que saint Melaine devait suivre la rive droite. D'autres que moi résoudront peut-être le problème.

Pour terminer ce qui concerne le patron de Moëlan, nous dirons qu'il fut chancelier de Clovis, son conseiller et son notaire, selon les expressions de son biographe bas-breton. Je dois faire remarquer encore que les Bollandistes ont commis une erreur au sujet de son lieu natal, en l'indiquant, d'après Robin, à Ploémelen ou Ploémelain, aujourd'hui Plumeliau, bourg situé près de la petite ville de Locminé, *Lominium Castrum*, qui doit son origine à un ancien monastère. Le lieu de sa naissance pourrait être encore, selon eux, à Plélauf et Plescop, *Plebs Episcopi*; j'ignore la position de ce dernier endroit; quant à Plélauf, je présume que ce doit être Plélau, gros bourg du département d'Ille-et-Vilaine, à la frontière de celui du Morbihan; mais ce qui précède suffit pour nous démontrer que c'est une seconde erreur.

La chapelle de Saint-Philibert et de Saint-Roch : esquisse du pardon ou fête anniversaire du premier de ses deux patrons.

Nous apercevons cette chapelle en arrivant de

Quimperlé à Moëlan ; elle se trouve dans la partie inférieure de lande vers le S.-E. du bourg; mais si nous voulons nous y rendre directement, il nous est presque impossible de le faire, même au milieu de la belle saison, parce qu'elle est au milieu d'un marais tourbeux; il faut alors revenir au bourg et prendre le chemin de Douélan, qui descend au midi : dix minutes de marche suffisent pour ce trajet.

Cette chapelle doit être de la fin du xvie siècle, d'après le caractère de son architecture; elle se trouve sous le double patronage de saint Philibert et de saint Roch, qui sont en grande vénération dans le pays. Elle est vers le bas de l'extrémité occidentale de la lande Portz-Moëlan, qu'on appelle aussi lande de Saint-Philibert, depuis la grande célébrité que ce patron lui avait acquise. Je ne doute pas qu'elle n'y ait été construite afin de ramener à la religion chrétienne la vénération pour le dolmen et le menhir dont nous avons parlé ci-dessus, ainsi que celle pour les trois fontaines que nous voyons dans le voisinage. La principale a maintenant saint Philibert pour protecteur, la seconde saint Roch, la troisième le Saint-Esprit : cette dernière est à quelque distance, au pied d'un sol plus élevé qui forme la limite des cultures. Au lieu d'y voir ce luxe d'architecture dont on a décoré presque toutes nos fontaines vénérées, afin qu'elles devinssent l'objet de notre attention et de notre respect, leur bassin n'est entouré ici que de quatre moellons en granit; mais les infirmes, ainsi que ceux qui redoutent les infirmités, n'y faisaient pas moins foule à l'entour, aux jours des pardons ou des deux fêtes patronales. Leurs eaux avait chacune leur spécialité : celle de saint Philibert guérissait les coliques, les gastrites, le ver solitaire, les enflures abdominales de toute espèce, etc., etc. ; celle de saint Roch guérissait de la peste comme son patron, et l'on en usait toujours comme d'un préservatif contre son retour dans le pays. On dirait qu'il eût été établi là pour y devenir l'antidote des miasmes pestilentiels qui sortaient du marais; sa fête était célébrée le 15 août. Mais l'état de négligence où j'ai trouvé ces trois fontaines nous démontre que le clergé lui-même laisse ces superstitions tomber en désuétude.

Le pardon de saint Philibert était celui qui avait le plus de célébrité; il fut institué principalement pour la colique. Il y venait des pèlerins d'Auray, de Lorient, d'Hennebon, du Guémené, beaucoup de Languidic, enfin de dix à quinze lieues à l'entour; il avait lieu le 22 août et durait trois jours : c'étaient trois jours de fêtes consécutives, où le bignou, c'est-à-dire la musette bretonne, toujours en permanence et ne cessant d'appeler les danseurs, réalisait ici l'image du mouvement perpétuel au pas accéléré. A ses sons aigres et criards se mêlait celui de la petite

trompette de bois, qui remplace en Bretagne le
mirliton parisien. D'un autre côté, c'était encore le bourdonnement de la *mouche* en fer
ou bombarde, que le paysan tient à sa bouche :
avec l'index il fait vibrer sa languette, dont il
modifie les sons en écartant ou rapprochant ses
lèvres. Ailleurs, c'étaient des réunions compactes
autour de quelques aveugles, ou de ces espèces
de nomades qui vont d'assemblées en assemblées
vendre des cantiques bretons : ce sont des noëls,
les supplications des âmes du purgatoire, ou des
complaintes sur les exécutions des criminels.

Les cabarets improvisés sont des tentes en
toile qui sont carrées ou oblongues, le plus souvent couvertes en demi-cercle; puis de nom-
breuses barriques de cidre éparses, les unes sans
siéges, les autres entourées de bancs pour asseoir
les buveurs. Près d'elles se trouvent des foyers
adossés à de petites buttes de terre, sur lesquels
bruissent les fritures composées de poisson ou
de saucisses, tandis qu'en avant la broche tourne,
lourdement chargée de morceaux de lard.

Ici le beau monde ne se trouvait pas au dé-
pourvu, et des restaurateurs, ainsi que des cafés
fournis par la ville de Lorient, lui présentaient
sur ce désert celtique le confortable de nos villes
modernes.

Les pèlerins des deux sexes, les paysans venus
de loin, n'étaient pas oubliés; on leur dressait
de longues tentes en berceau jonchées d'une

litière de paille sur laquelle ils venaient passer la nuit, à deux liards par tête, pêle-mêle et plus ou moins ivres. Le lendemain, après les offices, ils s'en retournaient chez eux avec la médaille de saint Philibert suspendue à leur boutonnière; et s'il leur restait encore quelque argent, un chapelet bénit par son contact avec la châsse du patron s'achetait pour la bonne amie ou quelque vieux parent.

Une double rangée de mendiants qui s'y font amener de vingt lieues à la ronde, mendiants hideux à voir par leurs difformités ou par leurs membres couverts d'ulcères les plus répugnants, gisait à terre en avant de la porte de la chapelle, et chacun d'eux faisait tous ses efforts pour attirer les regards des passants sur ses infirmités, par ses cris et ses instances, afin de recevoir une aumône. C'est ainsi que chaque grand pardon est encore le rendez-vous de tous ces malheureux dont la vue navre le cœur, en nous laissant un souvenir ineffaçable d'un spectacle aussi triste que dégoûtant!!!

On voyait encore d'autres mendiants des deux sexes, faisant ou tout prêts à faire le tour de l'église sur les genoux, souvent même à nu, pour l'expiation de leurs péchés et de ceux d'autrui; dans ce dernier cas, une modique rétribution les rendait très satisfaits.

Il y a trois messes basses le principal jour de la fête, puis la grand'messe; cet office est suivi d'un sermon coutumier sur la tempérance, la chasteté, les devoirs du chrétien et les mérites de saint Philibert.

Après vépres, on fait la procession seulement autour de la chapelle : son long cortége est précédé des bannières des deux patrons et de deux croix en argent que suivent les pèlerins sur deux files ; puis ce sont deux croix plus belles que les premières, et les jeunes villageoises de la congrégation du Sacré-Cœur de Marie, vêtues en blanc, dont quatre portent sur un brancard élégant la statue de la Vierge ; vient ensuite un nombreux clergé vêtu de riches ornements, au milieu duquel deux diacres portent aussi sur un brancard la châsse dorée dans laquelle on conserve quelques fragments authentiques des reliques de saint Philibert. Voyant qu'il n'y avait plus dans les derniers temps qu'un petit nombre de pèlerins à assister à cette procession avec des cierges, on a supprimé cette coutume, et les offrandes ne se perçoivent plus qu'en argent.

Comme l'assemblée se tient sur l'espace compris entre le cimetière et le bord du marais, c'est là que les paysans s'amoncelaient, se pressaient, se heurtaient pour admirer l'étalage des boutiques de mercerie, toujours pourvues d'une pacotille de médailles argentées, ou en cuivre, et surtout en plomb, afin qu'elles fussent en rapport avec toutes les bourses. Ces médailles sont marquées à l'effigie des saints les plus honorés dans le pays, auxquels on ajoute saint Ignace et saint Dominique, saint Vincent de Paul, la Vierge, le Sacré-Cœur, l'immaculée Conception, sainte Philomène, la médaille miraculeuse, etc., etc. Ces boutiques sont en quelque sorte l'image du paradis sur la terre, par la multitude des saints économiquement encadrés qui les décorent.

A côté d'elles une longue suite d'images, toujours fournies par la maison Basset, rue Saint-Jacques, à Paris, composent une galerie de peintures à bon marché, un rustique musée pour nos villageois, où Napoléon, ses généraux et quelques-uns de nos savants illustres ont enfin pris place entre les saints, les saintes, Crédit est mort et le Juif errant.

Je ne dois pas omettre les marchands de mouchoirs, en grand nombre, ainsi que ceux de cotonnades aux couleurs éclatantes; les marchands de chapelets à poste fixe, ou errants parmi la foule; enfin les colporteurs de livres.... Mais ces derniers n'apportent, pour ainsi dire, que des livres de messe, de prières, de cantiques; les préparations à la confession, à la communion, à une bonne mort; la Pratique des vertus chrétiennes, la Vie des Saints, la Bible, la Dévotion au Sacré-Cœur, le catéchisme du diocèse, des livres de messe et d'offices en breton, etc., etc... et nous aurons par cet aperçu le complément du matériel de la fête : tel était dans sa splendeur ce pardon, et tels sont encore les principaux de la Bretagne.

Cette fête a son ouverture dès le jeudi : c'est le premier jour de l'arrivée des marchands de mercerie; ce sont ensuite, le vendredi, d'autres marchands en boutique, les premiers pèlerins, l'installation des cabarets ; le samedi vient le reste de ceux-ci, en même temps que les étrangers. C'est encore le jour où beaucoup de gens de campagne, qui ne se rendent au pardon que par un motif de piété, partent de chez eux dans la soirée, marchent toute la nuit, assistent le lendemain matin à la première messe et font leur offrande; puis ils s'en retournent tout de suite.

Mais cette solennité a bien perdu de son importance depuis 1825 à 1826, c'est-à-dire depuis que le clergé breton a proscrit la danse comme le fléau du salut, comme l'un des plus grands péchés! Ce plaisir si chéri des Bretons se trouvant ainsi frappé d'anathème, l'animation de toutes nos fêtes rurales s'est éteinte en même temps, et bientôt on les a vues partout s'appauvrir graduellement.... car on cesse d'aller où l'on ne s'amuse plus. Il faut même, pour la jeunesse surtout, que les deux sexes y restent isolés les uns des autres!

Comme je dois la vérité, je ferai remarquer que cette mesure a produit contre la morale publique et contre le bonheur domestique deux effets plus graves que quelques amourettes : si l'on ne danse plus, on boit et l'on joue davantage dans les cabarets, car il faut passer le temps!!!....

Tous nos pardons de Bretagne se réduisent donc aujourd'hui, pour le peuple, à des promenades plus ou moins machinales au milieu de la poussière et de la fumée; ils se réduisent à entendre chanter quelques vieux cantiques sur des airs agonisants, à voir défiler une procession et passer les trois quarts de la journée entre les quatre murailles d'une église.

En outre, cette proscription de la danse a eu son contre-coup sur le commerce, parce que la vente est toujours en rapport avec l'affluence des individus. L'empressement universel qu'on avait jadis à se rendre aux pardons s'est anéanti, et cette grande journée, sur laquelle comptaient les marchands d'un chef-lieu pour faire quelques bénéfices, égale au plus ou surpasse à peine le débit d'un jour de foire. C'est alors à l'administration civile à prendre les mesures capables de ranimer ces solennités, et je ne doute pas d'un succès complet si MM. les maires voulaient imiter ceux des environs de la capitale et celui de Lambezellec, près de Brest, leur adroit compétiteur.

J'ai terminé cet article sur Moëlan par une esquisse de ses mœurs et usages, parce qu'elle

forme la transition d'un passé séculaire avec l'é-
poque actuelle : ce sont des peintures qui nous
manquent généralement, et puisse celle-ci n'être
pas sans curiosité pour l'avenir, et surtout, pour
le présent, ne pas rester inutile au pays!

Maintenant que ma tâche est remplie au profit
de la science, je ne dois pas abandonner Moëlau
sans m'acquitter d'un devoir dont la négligence
serait une injustice envers M. Mauduyt et les deux
ecclésiastiques qui desservent cette commune.
Outre l'accueil le plus flatteur, j'ai reçu d'eux tous
les renseignements qu'ils pouvaient me donner;
ils l'ont fait avec une obligeance qui me laissera le
plus doux souvenir de nos rapports. Je dois ne pas
omettre aussi que M. Mauduyt, en faisant porter sur
les cartes du cadastre tous les dolmens que nous
avons indiqués, a rendu un service à la science.
Je m'empresse de lui en témoigner ma gratitude
personnelle, et d'être en même temps auprès de
lui l'interprète de celle qu'il a méritée de tous les
hommes qui s'occupent d'archéologie.